医者が考案した　見るだけ 触れるだけ

やせるクスリ絵

丸山修寛　医学博士

宝島社

はじめに

　2019年に刊行しました『医者が考案した 見るだけでやせるクスリ絵』から5年の歳月を経て、「やせる」シリーズの第2弾を刊行できることを嬉しく思います。

　本書は、見るだけでなく、実際にクスリ絵に触れて、エネルギーを指や手のひらから感じてほしいので、クスリ絵を大きめに紹介しています。絵柄を体に直接あてたり、切り取って部屋に飾ったり、あなたが「やせたい」「変わりたい」と思うところに、好きなようにどんどん活用してみてください。

　ぼくはクスリ絵を約25年前から研究・開発して、色・形・数字、歴史や神聖幾何学、東洋医学などの概念に基づいて制作してきました。ですから、クスリ絵には人間の本来もっているパワーを呼び起こす強いエネルギーが備わっていることは明らかなのです。

　あなたに「やせたい」という気持ちが少しでもあるならば、もうすでにあなたの「潜在意識」と「ハイヤーセルフ」が、繋がる準備を始めていますから安心してください。「え？ "潜在意識" と "ハイヤーセルフ" が繋がるってなんですか？」と疑問に思ったそこのあなた！ 8ページから、その気になる「繋がる（ループ）」の方法を、描き下ろしのマンガでわかりやすく紹介していますので、ぜひご覧ください。

　本書で紹介した気になるクスリ絵を選んで、見る・触れるだけで、あとは「やせる（変わる）」を信じるのみです。気づいたら、自分のことを大好きになれる新しい自分に出会うことができて、毎日が充実した日々を送れることを心より願っています。

医学博士 丸山修寛

心身を劇的に変えるクスリ絵

見るだけ・触れるだけで効果を発揮するクスリ絵には、人間がもっている
「潜在意識」と「ハイヤーセルフ」を呼び起こすためのエネルギーが備わっています。
それらのエネルギーがあなたをどのように変えるのか見てみましょう。

人間関係がうまくいく

心が開き、コミュニケーション能力
が高まるため、人間関係がスムーズ
に進みます。家族や兄弟はもちろん、
友人など、自分以外の他人を大事に
思う気持ちが一層芽生えます。

人生を切り開く

基本的にポジティブな思考になるた
め、人生の価値を見いだして日々感
謝できるようになります。人生で何
が欲しいのか自分と向き合うことが
でき、シンプルさを追求できます。

モチベーションの向上

体の内側から炎が燃え上がるように
「よし、頑張ろう！」とメラメラと
やる気が出てきます。別人のように
脳も体も目覚めて、さまざまなこと
に挑戦してみたくなります。

発想力が磨かれる

人間にとって重要な働きであ
る脳の前頭前野が刺激されて、
よいアイデアがどんどん湧き
出ます。また、記憶力や思考
力なども強化されるので、脳
が活性化されます。

行動力がつく

物事を率先してすぐに進
めることができて、主体
的に行動することができ
ます。リーダーシップを
発揮したり、考えたこと
を実行に移したり、積極
的な人間になれます。

富を手に入れる

経済的・物質的な豊かさだ
けでなく、さまざまなもの
に縛られずに、楽しく助け
合って生きていけるのが理
想です。執着も手放すこと
ができるので、真の豊かさ
を見いだせます。

思い通りになる

心の奥底で考えていることは、
潜在意識がいちばんキャッチし
やすいことなので現実化します。
よいことはもちろんOKですが、
マイナスのことも現実化するの
で注意が必要です。

幸運が舞い込む

自分や周りのエネルギーもよ
い方向へ転換させることがで
きるので、波動が上がります。
波動が上がると、循環してい
るハッピーオーラが吸収され
るため、幸せを引き寄せます。

病気や不調が改善する

自然治癒力を高めてくれるエネルギ
ーが宿っているので、抱えている症
状や悩み、原因不明の不調、ストレ
スなどを改善させます。また、免疫
力もアップさせて体を整えます。

願いが叶う

願望や達成したいことをクスリ絵に
向かって「○○が叶いました、あり
がとうございます」と唱えたり書い
たりすると、エネルギーを刺激して
叶うようにサポートしてくれます。

医者が考案した 見るだけ 触れるだけ
やせるクスリ絵
CONTENTS

メンタルを整えて やせるクスリ絵

食事をコントロールして やせるクスリ絵

理想的な美しい体を つくるクスリ絵

本書の使い方

クスリ絵や本書の使い方にとくに細かいルールはありません。
あなたの感覚で好きなクスリ絵を見つけてください。
自分自身と約束するように、クスリ絵のパワーを信じる気持ちが高い効果を生みます。

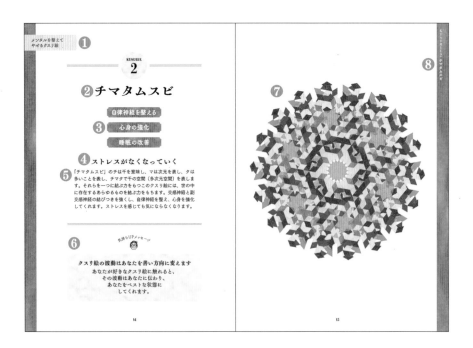

❶目的別カテゴリー

5つのカテゴリーに分かれており、すべて「やせる」が
テーマです。まずはどのカテゴリーから「やせる」にア
プローチしたいか、左上をチェックしてみましょう。

❸効果別インデックス

クスリ絵がもつエネルギーや効果などを一言でわかりや
すく示しています。こちらを参考にしてもよいですし、
直感や好きな絵柄でクスリ絵を選んでかまいません。

❺クスリ絵についての解説・使い方

絵柄に込められたエネルギーや意味、使い方などを解説
しています。クスリ絵の知識が深まって理解度が増し、
潜在意識にスムーズに届いていくことでしょう。

❼クスリ絵

高次元のエネルギーをもつクスリ絵を本書の右ページに
収めました。見る・触れるほかにさまざまな活用方法が
ありますので、自由に使い方を楽しんでください。

❷クスリ絵の名前

ユニークな名前がついたクスリ絵の名前は、絵柄に宿っ
ているエネルギーと共鳴しています。クスリ絵の名前を
発することも、あなたの潜在意識に届きやすくなります。

❹そのクスリ絵の特徴

自分がどうなりたいか、どのような効果が欲しいのかが
一目でわかります。直感でピンときたものを選ぶのがク
スリ絵と長く付き合っていくコツだと思ってください。

❻丸山先生からの気持ちUPメッセージ

ポジティブな言葉や優しい言葉は、脳をリラックスさせ
る効果があります。クスリ絵を活用するとき、メッセー
ジも一緒に見るだけでよい波動が受け取れますよ。

❽クスリ絵の名前（ミニ）

「どのクスリ絵を使おうかな」と、本をパラパラめくっ
たときに個性的なクスリ絵の名前から選んでもよいでし
ょう。右上部分にクスリ絵の名前を明記しています。

●個人差がありますので、すべての人に同じ効果があるとは限りません。「効果を実感したい」という心構えや思いよりも、絵柄
を見て触れて楽しむというスタンスでクスリ絵を活用してください。●「絵」ですので、病気を治療する薬ではありません。医師
から処方されている処方薬があれば今までどおり使用し、本書のクスリ絵と併用することが望ましいです。体調の変化があった際
には、速やかに医師に相談してください。●調子が悪くなったなど体に合わない場合は、クスリ絵の使用を中止してください。

クスリ絵の使い方

まずは、自分にしっくりくるクスリ絵を選んで好きなように、
そして大事に使ってみましょう。クスリ絵の使い方は三者三様ですが、
次にいくつか紹介しますので、参考にしてみてください。

見る・眺める

いちばん基本のクスリ絵の使い方は視覚を使います。これは人間にはとても重要な感覚で、目からきれいなものや美しいものを見て、脳が反応して、そして潜在意識に届くのです。すると、心地よくなって心身がリラックスした状態になります。なるべく静かな空間で、くつろぎながらクスリ絵を見る・眺めることをおすすめします。

指や手のひらで触れる

気になるクスリ絵に実際に触れてみましょう。あなたの体調や状態によるかもしれませんが、クスリ絵のエネルギーが伝わり、指先や手のひらがじんわりと温かく感じてきます。手は「第二の脳」ともいわれ、指や手を日頃から使うと脳の血流が10％も上がり、脳が活性化しますので、認知症予防や物忘れなどにも効果があります。

体にあてる

体に感じる不調や痛みの部位に、クスリ絵をあててみます。数分あててみるのもよいですし、気に入ったクスリ絵を本書から切り取るか、カラーコピー*をして、一日中湿布のように体に直接貼ったり、下着や服の上から貼ってもよいです。悩んでいた不調や痛みが改善・緩和されて、体も軽やかになっていることに驚くことでしょう。

部屋やリビングに飾る

クスリ絵をカラーコピーして、額（がく）などに入れます。それをリビングや玄関などのよく目につくところの壁や棚などに飾ってみてください。家の中にクスリ絵を飾るとエネルギーがゆき渡り、その空間の波動が浄化されます。寝室ではナイトテーブルや寝具の下などに置くと、安眠を促したり、疲れを回復させるように働きます。

願望や名前を書く

クスリ絵の余白の部分や枠外に願望や自分の名前を書いてみましょう。願望を書く場合は「〇〇〇が叶いました、ありがとうございます！」と過去形で書くことをおすすめします。また、公的な場面でしか自分の名前を書くことがなくなった昨今、クスリ絵に向けて自分の名前を書いて伝えるとエネルギーが循環しやすいです。

外出時に持ち歩く

外出するときは、本書1冊、またはカラーコピーした好きなクスリ絵をファイリングして、カバンの中に入れて持ち歩くとあなたを守ってくれる役割をします。いちばん手軽な方法は、スマホで写真を撮って待ち受けにするといつでも見ることができるので便利です。クスリ絵は電磁波による悪影響を受けづらくする効果も持ち合わせています。

＊カラーコピーをするとネガティブなエネルギーも転写される場合があります。
気になる方は、本書のオリジナルのクスリ絵をそのままご使用ください。

ある日のクリニックにて…

1
丸山先生
私、やせたいです

それなら
「やせるクスリ絵」を
使ってみよう

2
やせるクスリ絵を使って
確実にやせるために
必要なことってありますか?

あるよ!

真剣!

3
ぼくたち人間は
一人で生きていると
思っているけど

本当は潜在意識と
ハイヤーセルフと
一緒に生きている

4
潜在意識?

ハイヤーセルフ?

5
潜在意識やハイヤーセルフは
誰にでも存在しているのに
目に見えないし、しゃべらないから
ほとんどの人は**彼ら**が
いることに気がつかない

でもぼくには
彼らがみえる

潜在意識
くん

ハイヤーセルフ
さん

6
私にも
いるんですか?

いるよ!

7
潜在意識は
心臓や肺、胃腸をはじめ
体そのものを動かしてくれている

潜在意識は
体の主なんだ

8
ハイヤーセルフは
ぼくたちを正しい方向に
導いてくれる

あっ
それ食べすぎ

まずはじめに
潜在意識と繋がるよ

右手を差し出して
潜在意識に向かって心の中で
右手を握るように言ってみる

右手を握って

すると潜在意識は
手をのせてくれる

右手がじんわり
温かく感じる
握られているのが
わかる場合もある

わからなくても
必ず手を繋いでくれるから
安心して！

今度は
ハイヤーセルフに
左手を握るように言ってみる

左手を握って

ハイヤーセルフも
手を握ってくれた気持ちがしたら
しばらくそのフィーリングを感じていよう

なんか彼らが
私の顔を見て
喜んでいるように感じる

なんだか心が落ち着いて
平和な気持ちになってくる

どうして？

それはね……

ぼくたちは君が
お母さんのおなかにいたときから
一緒に存在していて

今も誰よりも
君を愛しているからだよ

23

なんか嬉しいこと
言ってくれるじゃない

嬉しすぎて
涙が止まらないよ

ポロ

ポロ

ぼくたちも

24

100%
君を愛する
どんなときでも
君を愛する

25

三者が
しっかり手を繋ぐと
心が一つになる

この方法を
「ループ」というよ

26

三者の心が一つになったところで
やせるクスリ絵を見るようにする

やせたいという願いが
三者の共通の目的になる

ジーーーッ

すると間違いなく
やせる!

27

「ループ」を意識して、次ページからの
「やせるクスリ絵」を実際に使ってみましょう ▶▶▶

KUSURIE
1

高次元カタカムナ
第5首-正-金

> ## 体質の改善

> ## 筋力をつける

> ## 高次元にいく

リバウンドでの体重増加を避ける

1万2000年前に詠まれていた歌「カタカムナ*ウタヒ第5首」のエネルギーがこのクスリ絵には宿っています。歌には驚異の秘密が描かれており、詠むだけで次々と奇跡的なことが起こりました。さらに、体内の巡りをよくさせるので、体質改善に向いています。絵柄の中心から右回りに一つ一つのカタカムナ高次元文字を7回なぞってみると効果が高まります。

気持ちUPメッセージ

感謝の気持ちを忘れずにもちましょう
潜在意識とハイヤーセルフのおかげで
自分はこうして生きていられます。
本当にありがとうございます。
愛しています。

＊1万2000年前に栄えた文明で、「カタカムナウタヒ」は
その頃詠まれていた歌。

KUSURIE
2

チマタムスビ

自律神経を整える

心身の強化

睡眠の改善

ストレスがなくなっていく

「チマタムスビ」のチは千を意味し、マは次元を表し、タは多いことを表し、チマタで千の空間（多次元空間）を表します。それらを一つに結ぶ力をもつこのクスリ絵には、世の中に存在するあらゆるものを結ぶ力をもちます。交感神経と副交感神経の結びつきを強くし、自律神経を整え、心身を強化してくれます。ストレスを感じても気にならなくなります。

気持ちUPメッセージ

クスリ絵の波動はあなたを善い方向に変えます
あなたが好きなクスリ絵に触れると、
その波動はあなたに伝わり、
あなたをベストな状態に
してくれます。

KUSURIE
3

アルメガ

意思が強くなる

運動能力アップ

思考の現実化

真摯な姿勢で物事を継続させる

α（アルファ）であるω（ベータ）は、黙示録にある有名な言葉です。絵柄の中のα（アルファ）は◯◯◯◯◯◯を、ω（ベータ）は◯◯◯◯◯◯を表し、これらは永遠の継続と循環を表します。真ん中にあるΦ（ファイ）は、黄金比と黄金螺旋（らせん）を表します。これらは宇宙の法則であるため、思いや意思が現実化しやすくなり、継続させる力が強くなります。ダイエットを長続きさせたい方に効果的です。

気持ちUPメッセージ

大切な人に愛を感じる時間をつくりましょう
愛がハートに伝わると、
自分や家族、
大切な人の病気や不調を
改善する大きな力になります。

KUSURIE

4

セイントフラワー

コンプレックスを解消

よい波動が流れる

心が落ち着く

他人と比べることをやめる

心身に生命力を与える神聖幾何学の「フラワー・オブ・ライフ」が光を放った状態を表すクスリ絵。この絵柄を見ながら両手の人差し指を立てて「生かしていただいてありがとうございます」と心の底から唱えましょう。心の中にある不要な記憶や感情が消えていき、コンプレックスを解消します。このクスリ絵をスマホの待ち受けにすることをおすすめします。

気持ちUPメッセージ

血流の流れは脳の働きを助けます
適度な運動を習慣付けると
前頭脳の血流がめぐり、
記憶力もよくなります。

KUSURIE

5

シャットアウト

> 有言実行になる

> ブレない強い心

> 代謝がよくなる

甘い誘惑に強くなる

潜在意識には9種類の色があり、それを3×3の9マスになる魔方陣にしたがって配列したのがこのクスリ絵。これらの色がもつエネルギーがあなたの潜在意識に届き、あなた自身を内側からパワーアップさせてくれます。意思が強くなり心がブレなくなるので、誘惑に屈することがありません。また、嫌なことやネガティブなことを遠ざけるパワーも放ちます。

気持ちUPメッセージ

ループをするともう一人の自分に気づきます
体の管理者である
潜在意識（心の中の自分）と
自分の息が合うと
なんでもうまくいきます。

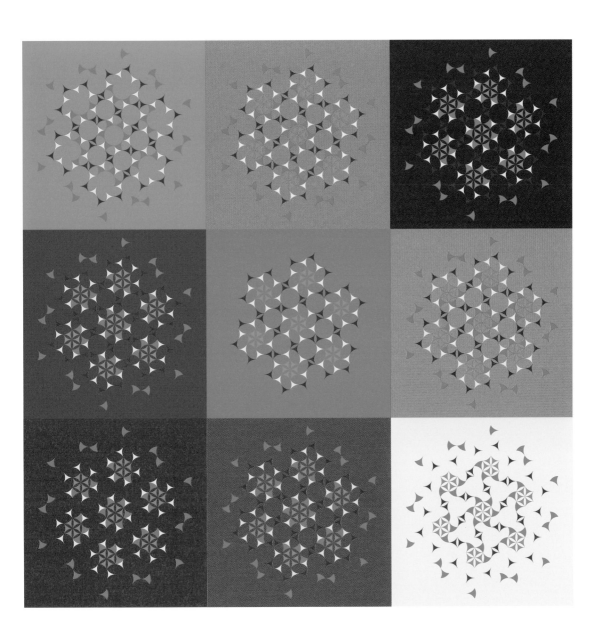

KUSURIE
6

ビリーブン

信じる心を強化

自分を好きになる

体を動かしたくなる

自分を信じれば恐いものなし

絵柄の中心にある白い円を鏡だと思って、自分の顔がそこに
あることを想像してみましょう。そして、そこに向かって「自
分を信じる、自分を愛する」という言葉を7回声に出して唱
えます。すると、周りからの情報に左右されない、確固とし
た揺るがない自分でいることができます。中心の白い円に自
分の顔写真を円形に切って貼っておくのもよいでしょう。

気持ちUPメッセージ

人は自分が望む状況を自分で
選びとることができます

自分が欲する状況は
自分がそう決めることで実現します。

KUSURIE
7

スカイハイ

穏やかな心を保つ

マイペースを維持

焦燥感をなくす

焦る気持ちを抑える

緑・黄・赤・青は私たちの顕在意識の色です。これらの4色がバランスよく配列されているので、顕在意識とあらゆる人間関係のバランスをとるエネルギーを備えます。繊細な人間関係のバランスはメンタルヘルスへの影響が大きく、関係がスムーズになると心が安定します。穏やかな心で、自分のペースで一歩ずつ進めるように寄り添ってくれるクスリ絵です。

気持ちUPメッセージ

ヘソが大事なエネルギーの通り道
ヘソの下約10㎝を丹田といい、
氣や光を体内に入れたり
溜めたりする場所なので、
そこにクスリ絵をあてましょう。

KUSURIE

8

ステイポジティブ

我慢をなくす

気持ちが楽しくなる

空腹・満腹感を調整する

楽しんでダイエットをする

光と色の乱舞を表したクスリ絵です。この絵柄を見ているだけで心が躍り、楽しくなっていきます。おやつや夜食などを我慢できなくて食べたくなったとき、あなたの心が満たされるようサポートしてくれて、肉体の空腹も和らぎます。また、食事中にこのクスリ絵を見ると満腹感を感じます。人差し指で好きなようになぞってみると、より効果が上がります。

気持ちUPメッセージ

起きていることすべてを肯定しましょう
「すべてうまくいっている」と
心の深いところで思うことで、
魂がそのような人生を
創造し始めます。

KUSURIE
9

瞑想

感情を乱さない

集中できる

リラックス効果

気持ちが安定して落ち着く

六芒星は "安定" を象徴する図形で、それが円の上に立体的に重ねられ、ひとつのマンダラとなっています。感情の揺れやブレを最少限にしてくれるので、気持ちを安定させたい人におすすめです。絵柄を外側に向けて、第三の目があるといわれるおでこにあてると、心が落ち着きます。スマホの待ち受けにして、緊張する場面の前に見ると安心するでしょう。

気持ちUPメッセージ

悲しいときこそ、
自分が思いっきり悲しむことを許してください

悲しみに一生懸命に向き合うと、
悲しみは役割を果たし消えていき、
宝石のように貴い経験だけが残ります。

KUSURIE
10

キラメキ

モチベーションが上がる

斬新なひらめき

自分を成長させる

物事にやりがいを感じる

素数*と潜在意識の色（薄紫、赤、橙、黄、緑、青、藍、紫、オリーブ）から創られたこのクスリ絵は、さまざまなものを創造する力があり、アイデアが湧いてきます。やる気が出てくるため、ダイエットや仕事を頑張っている人に適しています。右上の黒のシンボルに人差し指をあてて、「トホカミエミタメ」という言葉を唱えながら触れるとよいでしょう。

気持ちUPメッセージ

執着を手放す方法は、
手放そうと躍起にならないことです

執着はあってもよいし、なくてもよい。
どちらでもよいというスタンスが
執着を手放すコツです。

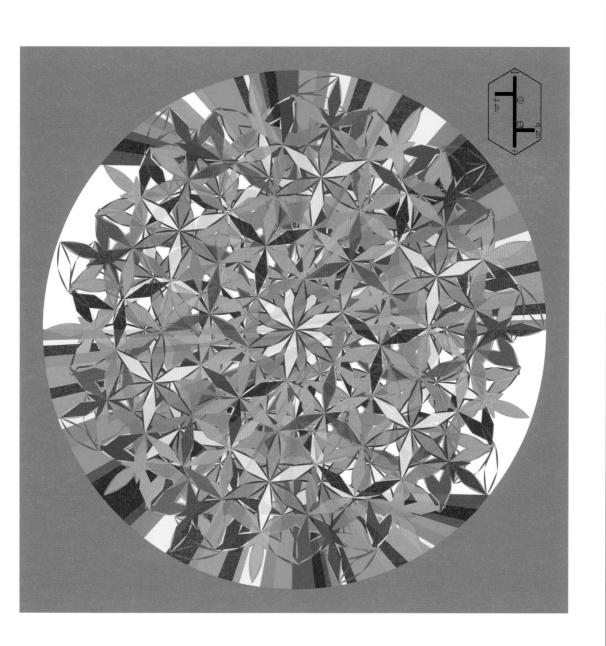

KUSURIE

11

スターハート

自分の心を制御する

気持ちを和ます

意識がクリアになる

食欲が抑えられる

絵柄の背景の金色は、心を落ち着かせてくれる効果をもちます。中心にある水色の円形の絵柄には、自分の心を制御する働きがある梵字（ぼんじ）が書かれています。ストレスなどで食欲が増すときや、他人との口論で余計なことを言いそうになるときなどにストッパーとして働きます。絵柄を外側に向けて、左胸に貼ると心が整うことでしょう。

気持ちUPメッセージ

欲に振り回されずに、ありのままの自分でいてください

しなければならないという強い思いを
自分が楽しめないのなら、
しなくてもいいという思いに変えると
気持ちがスーッと軽くなります。

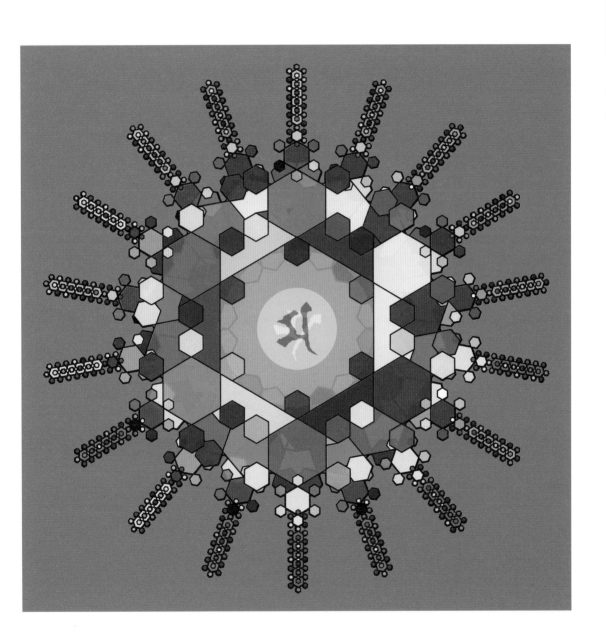

KUSURIE

12

ガウルゴールド

- 依存を遠ざける
- 幸福度が増す
- むくみを抑える

お酒がやめられるようになる

見ているとクルクルと回転しているように見える、不思議で
美しいクスリ絵です。このクスリ絵はストレスを解消させ、
さまざまな依存から抜け出すことを手伝ってくれます。とく
にお酒をやめたい・量を減らしたい人には効果的です。絵柄
の上に、お酒を4～5分置いてから飲むとよいです。少ない
量のアルコールで満足できるようになることでしょう。

気持ちUPメッセージ

頭皮マッサージは意識がクリアになります
悩んでいた不快な症状や不調は、
頭皮マッサージをすることによって
血のめぐりがよくなり、
心身の不調がなくなります。

KUSURIE

13

ゴールドセブン

習慣を変える

満たされた気持ちになる

波動がよくなる

間食をしなくなる

このクスリ絵を見ながら「マカタマノ アマノミナカヌシ タカミムスヒ カムミムスヒ ミスマルノタマ」という謡を何度も詠うと、自分の周りに高次元空間ができて、人間はそこからエネルギーや叡智を受け取ることができます。間食したくなる時間に食べものを絵柄の上に数分置くと、すでに心が満たされているため、今すぐ食べなくてもよいと思えてきます。

気持ちUPメッセージ

あなたは一人で生きているわけではありません
自分の体には自分と別個の意識である
潜在意識とハイヤーセルフが
存在していることに気づきましょう。

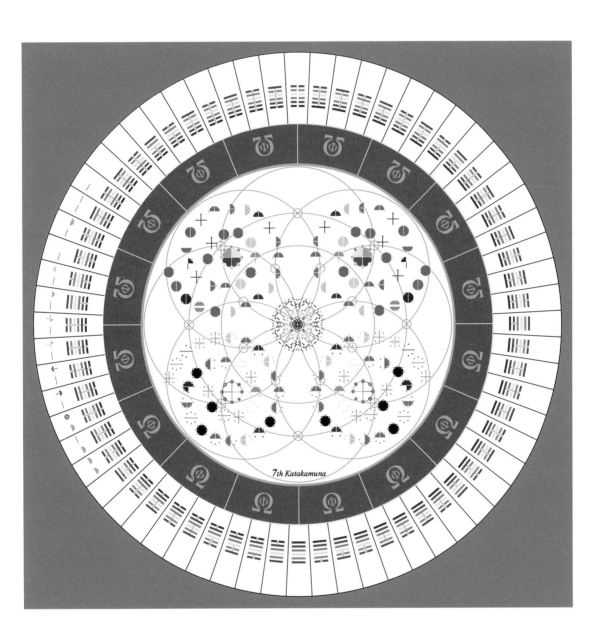

7th Katakamuna

KUSURIE

14

許しと癒やし

栄養が行き届く

胃の不調を緩和

社交的になる

食事のバランスがよくなる

陰陽のバランスを表すクスリ絵です。陰にも陽にも偏りすぎないように、脂っこいものや甘いもの、特定の嗜好に偏らない健康的な食事が摂れるようにサポートしてくれます。また、暴飲暴食をしてしまったときに眺めていると罪悪感が消えます。胃もたれしているときにも不快感を取り除いてくれて、体を軽くラクにしてくれるエネルギーを秘めています。

気持ちUPメッセージ

クスリ絵に触れて
天と繋がってみましょう

クスリ絵を、見るだけ、触れるだけで、
天からの光を感じられるようになります。

KUSURIE
15

フードフー

好き嫌いをなくす

感情が穏やかになる

負のオーラを除去

なんでもおいしいと思えるようになる

黄・青・緑・赤の4色は人間の心の色を表し、これらの4色
は心の調和を促します。4色の上に「フラワー・オブ・ライ
フ」という神聖幾何学から創ったクスリ絵が描かれています。
雪の結晶のように、さまざまな雑念、思い込み、好き嫌いを
洗い流してくれます。食べものや飲料水をこの絵柄の上に置
くと、味がよくなり、なんでもおいしく食べられます。

気持ちUPメッセージ

自分の心（ハート）がほっこりしていますか？
心が温かく感じたときは、
潜在意識やハイヤーセルフが
OKと言っているサインです。

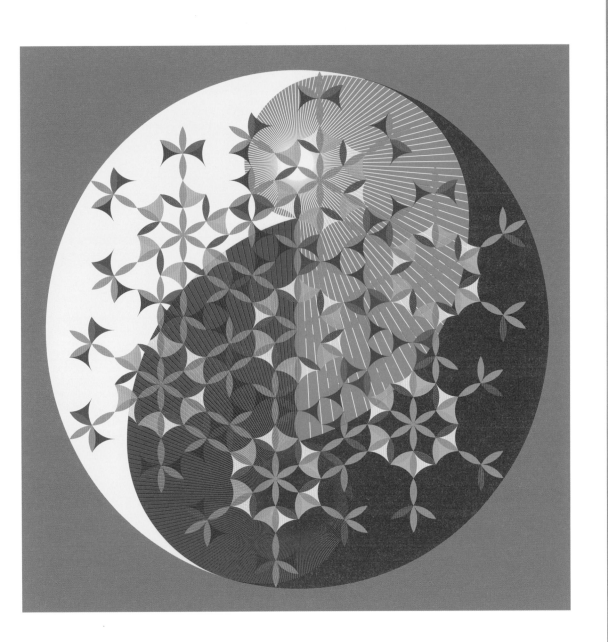

KUSURIE

16

コア・アイ

食欲抑制

顕在意識の強化

集中力アップ

満腹感を持続させる

中央にある目のようなものが自分を見ているようなクスリ絵。見つめられていると感じることで、軽い交感神経の緊張が起こり、満腹感を感じて食欲が湧かなくなります。すぐに空腹感を感じる人や胃下垂で食べすぎてしまう人に大変おすすめです。また、勉強や仕事をするときに視界に入るところに飾っておくと、高い集中力を得ることができます。

気持ちUPメッセージ

自分自身と向き合う時間が大切です

思考、感情、記憶、データ、アイデンティティ、
今日までの自分のヒストリーなどを
思い返したあとにループをして、
すべてを手放して身軽になりましょう。

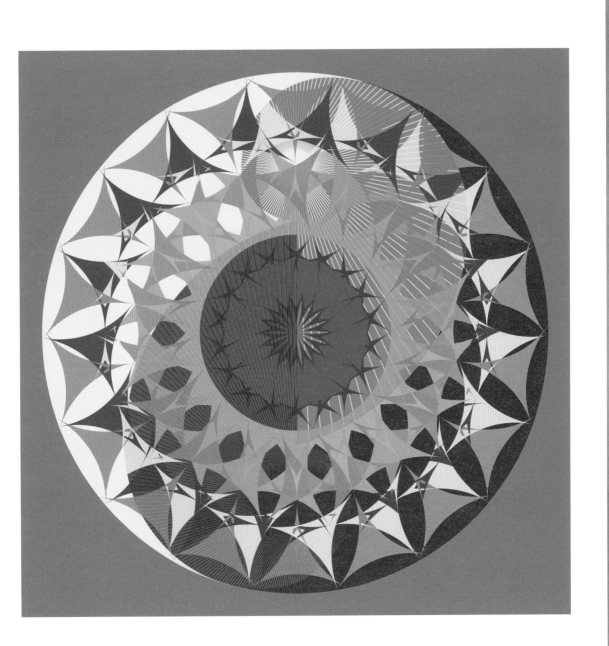

KUSURIE
17

イズ インポータント

ヘルシーメニューを考案

思考がクリアになる

慈愛深くなる

アイデアが増えて料理が楽しくなる

クスリ絵の名前にある "イズ（Is）" は存在を表します。存在することの重要性を私たちに教えてくれます。すべての存在が「愛」だと気づくと、その時点からさまざまなアイデアが湧いてきます。毎度の食事のメニューを考えるとき、偏ってしまう・料理のレパートリーを増やしたい人は、このクスリ絵を見て、瞑想してから料理をするとよいでしょう。

気持ちUPメッセージ

すでに幸せであることに気づいていますか？
この世のすべての人々は、
宇宙から愛されて守られていて、
大切な存在なのです。
すでに自分が幸せなのがわかります。

KUSURIE
18

ヒカルゲンジ

体の痛みをとる

サプリメントのような働き

平穏な魂に導く

バランスよく栄養を摂取する

人間の体の70〜80%は水分でできており、栄養をその中に取り入れて運んでくれます。人の健康は、この水分状態と運ばれた栄養によって決まるということです。このクスリ絵は水分代謝を促し、バランスよく栄養を摂取してくれます。栄養の吸収を全体的に底上げしてくれるので、体に貼ってブルーのLEDライトをあてるとより効果を実感できることでしょう。

気持ちUPメッセージ

**正しい生き方と楽しい生き方の
バランスをとります**

自分の正しさだけを主張すると、
周りから人がいなくなってしまうので、
思いやりをもって行動しましょう。

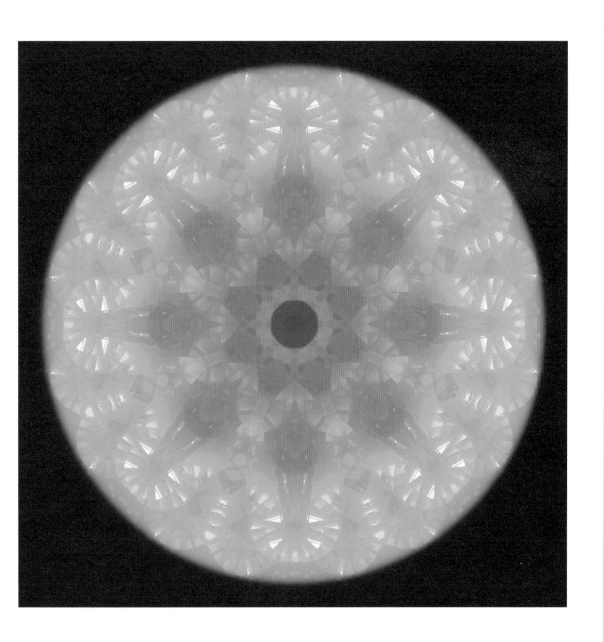

内向き旋回

料理の腕が上がる

節約上手になる

ストレス解消

自炊がしたくなるように促す

反時計回りの回転をしながら内側にすべてを巻き込むような
動きをしているクスリ絵。ネガティブな過去の記憶を消去し、
新しいエネルギーを人間の内側に誘導する働きをしてくれま
す。絵柄を眺めていると、外より内に向かう心理が湧くため、
食事も外食より健康的な自炊を好むようになります。また、
散財を促すような人間関係から自分を遠ざけてくれます。

気持ちUPメッセージ

今この瞬間の完全性に
気づきましょう

自分がおかれている状況の完全性に気づくと、
より高次の完全さがその場に現れます。

KUSURIE
20

新鮮な空気を吸う

食欲の軽減

人間関係の向上

肌ツヤがよくなる

食欲がコントロールされる

このクスリ絵を見ながら、ゆっくり深呼吸を繰り返してみて
ください。気持ちが徐々に落ち着いてくるでしょう。また、
ストレスによって食欲が過剰に刺激されることも少なくなる
ため、少ない食事でも食べ応えがあり、慣れていきます。ク
スリ絵を利き手の人差し指で8の字になぞりながら腹八分と
何度も唱えているうちに、不思議と満腹感を感じられます。

気持ちUPメッセージ

「今」にフォーカスすると新たな時空が現れます
何も考えないで軽く目を瞑って
ただジーッとしていると、
そこに静寂の空間ができます。
その静寂が永遠に生きる「あなた」という本質です。

KUSURIE
21

ストレッチ

むくみや冷えを軽減

基礎体力アップ

気滞を改善

下半身が絞られて、脚やせ効果

このクスリ絵を何枚もコピーをして、背中や腰、脚に貼って
みてください。絵柄は螺旋やねじれ、流れ、爽快な動きを表
し、気になる部分の血行やリンパの流れ、神経伝達がよくな
り、みるみると下半身が絞られていきます。このクスリ絵の
中に自分の下半身がどっぷり浸かっていると想像すると、下
半身が温まっていくので、脚やせしたい人におすすめです。

気持ちUPメッセージ

今この瞬間の意味を知りましょう

「今この瞬間」は
出来事が起こる容器のようなものです。
容器は変わりませんが、
容器の中身（現実）は常に変わります。

KUSURIE

22

サクラ

代謝を高める

体質を改善

明るい気持ちになる

やせ体質になって下腹がすっきり

桜が開花し、中心からエネルギーが広がっていくようなイメージのクスリ絵。消化器の働きを高める作用があり、その結果、代謝が上がるので下腹のぽっこりおなかは凹んでいきます。絵柄を外側にしてヘソの前に貼っておくとよいでしょう。また、絵柄の中央から時計回りで外側に人差し指で螺旋を描いていくと、氣の流れがよくなって体が熱くなります。

気持ちUPメッセージ

磁場がよい場所で健やかに暮らしましょう

食べものが腐りやすい部屋や
方位磁石で磁場が狂っている場所は
病気になりやすいので長居を避けます。

KUSURIE

23

金太郎

心身が強くなる

他人に優しくなる

努力が実りやすくなる

二の腕がきれいに引き締まる

ハート（＝心）がもつ光の色は緑色です。緑の光を胸の中央
のやや左に想像すると、その光はみるみる肥大し、やがては
全身を包み込むほど大きくなります。このクスリ絵は、ハー
トの緑色の光を基にして創られました。ハートが強くなると
ポパイ*のように力持ちになり、二の腕が引き締まっていき
ます。よいエネルギーも循環しやすくなります。

気持ちUPメッセージ

何気ない体の変化に気づきましょう
急に筋力が強くなったり
視野が広くなったり
温かくなったりするときは、
神様があなたに近づいているからです。

KUSURIE

24

未来GO

楽観的思考

元気が出る

免疫力が向上

顔周りがスッキリして笑顔が増える

明るく鮮やかな色が絡み合って回転するようなイメージの絵柄です。見ているだけで気持ちが明るくなり、思わずニコッと笑うことが多くなります。笑うことが多くなると顔の筋肉を使うことが多くなり、結果的に二重アゴが消え、目元もスッキリとし、シワが目立たなくなります。外出したい気持ちが高まって、体を動かすことが自然と増えていきます。

気持ちUPメッセージ

体内の静電気除去の習慣を
体内に静電気が溜まると
気が滞りやすくなります。
気の流れをよくするために、
そのときに気になるクスリ絵に触れてみましょう。

金のフライパン

> 小顔になる

> 自信がもてる

> ユーモアを磨く

理想のフェイスラインを手に入れる

絵柄の円形になっている部分に、小顔になった自分の顔をできるだけ具体的に想像してください。絵柄の隅に、自分の顔写真を貼り付けてもよいでしょう。クスリ絵がもつ「小顔になる」「アゴ周りがスッキリする」という情報やエネルギーが、見る人の顔の中に入っていき、顔が引き締まります。クスリ絵を見ながら軽くマッサージすると効果が高くなります。

気持ちUPメッセージ

人間関係を穏やかにするために必要なこと
目の前に現れている人・物・事のすべては
自分の潜在意識の記憶が
再生されていると気づくことです。

KUSURIE
26

カモンベイビー

判断力を鍛える

膝（ひざ）周りを改善

神聖なマインドを創造

膝上のたるみがなくなる

家紋のような絵柄は、人体の誕生や成長に関わる黄金比をもつ神聖幾何学「フラワー・オブ・ライフ」を基に創られています。そのため人体全般によく作用し、特に膝の上のたるみ、痛みやむくみを減らす効果が強いです。このクスリ絵をコピーして膝周り、足の裏に貼っておくと効果的。また、布団の下に9枚敷いておくと、起床時の膝下のむくみを和らげます。

気持ちUPメッセージ

潜在意識の汚れや穢（けが）れを取り除く秘法
ハワイのホ・オポノポノ
「愛しています」「ありがとう」
「ごめんなさい」「許してください」の
4つの言葉には絶大な効果があります。

KUSURIE

27

ムンクラビリ

> 骨盤の歪み矯正

> 運を引き寄せる

> 体脂肪率が下がる

見た目がチャーミングになる

曲がりくねった迷路を想像させる絵柄は、エネルギーを上下左右に動かす力があります。このクスリ絵をコピーして、服や肌着の上から貼っておくと、体の内側からぽかぽか温かくなって、くびれができたり、姿勢がよくなります。また、明るい色調は邪気を祓い、幸運をもたらします。スマホの待ち受けにしたり、部屋に飾っておくのもよいでしょう。

気持ちUPメッセージ

変化が100%起こる奇跡の言葉
十言神呪（とことのかじり）「ア・マ・テ・ラ・ス・オ・ホ・ミ・カ・ミィ」
を10回唱えるだけで、
心の深いところに光が差し込み、
人生が好転し始めます。

KUSURIE

28

キンニクゴールド

モチベーションが高まる

「すぐやる人」になる

しっかり熟睡できる

シックスパックに刺激を与える

両手両足を伸び伸びと広げたような印象のこのクスリ絵は、見ていると筋トレを始めたくなります。絵柄を外側に向けて、下着の上からおなかに貼ると、シックスパックができやすくなります。筋肉に神経が伝わりやすくするために、絵柄の中に自分の名前と生年月日を書いて、「思い通りにシックスパックになりました」と過去形で書くことをおすすめします。

気持ちUPメッセージ

光である人間たち
私たちは肉体を器として、
この世を生きる光だということを
心に留めておきましょう。

KUSURIE
29

神の集い

皮下脂肪が減る

他人から好感をもたれる

股関節のつまりが改善

おしりのたるみを引き上げる

光の形や神の名が一つになったこのクスリ絵には、たるみを
引き上げて美尻にする、自分の能力をアップさせる、仕事の
実績を上げるなど、すべての物事を向上させます。毎日この
クスリ絵を見ながら「○○が引き上げられました」と唱えて
みてください。クスリ絵をコピーしてお尻のポケットに入れ
ておくと、ほっこりとしてお尻の部分の代謝が高まります。

気持ちUPメッセージ

神様に見守られて生きています
あなたは一人で生きているのではなく、
目に見えない神様たちとともに
人生を生きています。

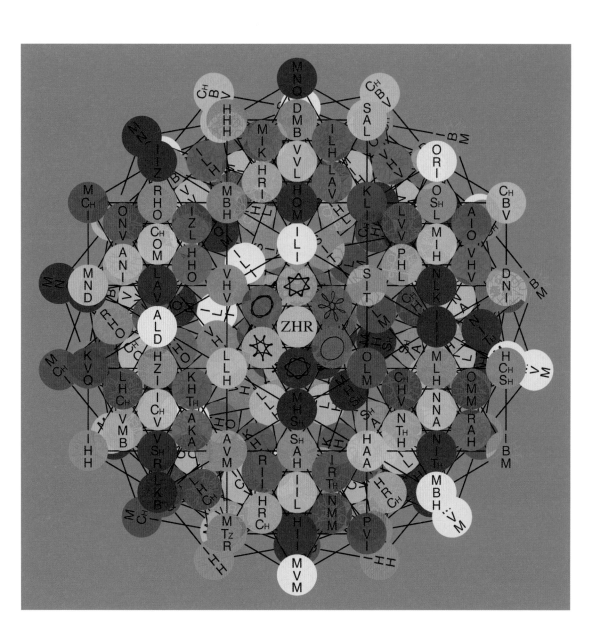

KUSURIE
30

7つの魔方陣

上半身が軽やかになる

膀胱の悩みを改善

血行を促進

上半身の脂肪を燃焼する

日本を司る主要な7柱の神の力を得ることができる7種類の
魔方陣から創られたクスリ絵。このクスリ絵だけは絵柄を内
側（肌）に向けて、胸の中央とその後ろに貼ると効果的です。
体のエネルギー量を増やして血液、リンパの循環を促すので、
上半身が軽くなります。また、背中のぜい肉を落としたい人
は、背中と胸に数枚、縦に並べて貼ってみてください。

気持ちUPメッセージ

元気がないときの即効性がある方法
右のこのクスリ絵だけは
絵柄を内側にして使います。
ヘソの前にあてると氣が回るため、
すぐに元気になります（コピー可能）。

31	76	13	36	81	18	29	74	11
22	40	58	27	45	63	20	38	56
67	4	49	72	9	54	65	2	47
30	75	12	32	77	14	34	79	16
21	39	57	23	41	59	25	43	61
66	3	48	68	5	50	70	7	52
35	80	17	28	73	10	33	78	15
26	44	62	19	37	55	24	42	60
71	8	53	64	1	46	69	6	51

8	58	59	5	4	62	63	1
49	15	14	52	53	11	10	56
41	23	22	44	45	19	18	48
32	34	35	29	28	38	39	25
40	26	27	37	36	30	31	33
17	47	46	20	21	43	42	24
9	55	54	12	13	51	50	16
64	2	3	61	60	6	7	57

22	47	16	41	10	35	4
5	23	48	17	42	11	29
30	6	24	49	18	36	12
13	31	7	25	43	19	37
38	14	32	1	26	44	20
21	39	8	33	2	27	45
46	15	40	9	34	3	28

6	32	3	34	35	1
7	11	27	28	8	30
19	14	16	15	23	24
18	20	22	21	17	13
25	29	10	9	26	12
36	5	33	4	2	31

11	24	7	20	3
4	12	25	8	16
17	5	13	21	9
10	18	1	14	22
23	6	19	2	15

4	14	15	1
9	7	6	12
5	11	10	8
16	2	3	13

4	9	2
3	5	7
8	1	6

胸・おなか（前側）

この面を肌に向けてください

31	76	13	36	81	18	29	74	11
22	40	58	27	45	63	20	38	56
67	4	49	72	9	54	65	2	47
30	75	12	32	77	14	34	79	16
21	39	57	23	41	59	25	43	61
66	3	48	68	5	50	70	7	52
35	80	17	28	73	10	33	78	15
26	44	62	19	37	55	24	42	60
71	8	53	64	1	46	69	6	51

8	58	59	5	4	62	63	1
49	15	14	52	53	11	10	56
41	23	22	44	45	19	18	48
32	34	35	29	28	38	39	25
40	26	27	37	36	30	31	33
17	47	46	20	21	43	42	24
9	55	54	12	13	51	50	16
64	2	3	61	60	6	7	57

22	47	16	41	10	35	4
5	23	48	17	42	11	29
30	6	24	49	18	36	12
13	31	7	25	43	19	37
38	14	32	1	26	44	20
21	39	8	33	2	27	45
46	15	40	9	34	3	28

6	32	3	34	35	1
7	11	27	28	8	30
19	14	16	15	23	24
18	20	22	21	17	13
25	29	10	9	26	12
36	5	33	4	2	31

11	24	7	20	3
4	12	25	8	16
17	5	13	21	9
10	18	1	14	22
23	6	19	2	15

4	14	15	1
9	7	6	12
5	11	10	8
16	2	3	13

4	9	2
3	5	7
8	1	6

背中（後ろ側）

この面を肌に向けてください

31

メルト

栄養の吸収強化

内臓脂肪を落とす

悩むクセを消す

筋肉量が増えていく

絵柄の９色は潜在意識の色です。潜在意識の主座の一つが胃
や腸などの消化管なので、ヘソの少し上部分や背中の部分に
あてるとおなかがぽかぽかと温かくなってきます。栄養が全
身にゆき渡りやすくなるため、筋肉量が増えます。真ん中の
余白にどの筋肉を強化させたいか書いて、絵柄が外側に向く
ように背中に貼ってみることをおすすめします。

気持ちUPメッセージ

肩に存在するハイヤーセルフに目を向けます

ハイヤーセルフは誰の中にも存在します。
ハイヤーセルフはあなたが
気づくのを待っています。

ヤタノカカミフトマニ

内臓機能を強くする

金運に恵まれる

自然と調和する

内臓脂肪が落ちていく

カタカムナの「ヤタノカカミ」と「黄金八芒星」からなるフトマニ文字を一つにした本書最強のパワーを放つクスリ絵。カタカムナ文字で一、二、三、四、五、六、七、八、九、十と書かれています。お札のような働きもして、壁や部屋に飾ったりするとパワースポットになります。ヘソや背中に貼ると新陳代謝が上がり、内臓脂肪が落ちやすくなります。

気持ちUPメッセージ

電子機器への対策が大事です
電磁波による頭痛や疲れなどの症状は、
電子機器と体の両方に
クスリ絵を貼ると和らぎます。

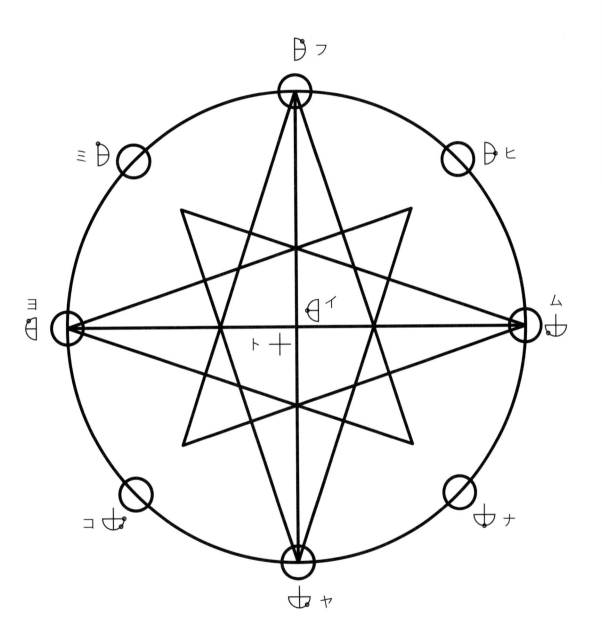

デバイス

体重が減る

代謝機能がアップ

願いが叶う

体が軽くなり、心身が心地よくなる

天の羽衣が空中を舞っているような流れを表現した形状は、心身を躍動させるため、リンパの流れや血液の流れをよくし、代謝機能を上昇させます。このクスリ絵を壁に貼り、見ながらヨガやストレッチ、瞑想などをすると、自然と体が軽くなって気分もよくなります。また、数枚コピーして寝具の下に敷くと、睡眠中の基礎代謝が上がり、自然とやせてきます。

気持ちUPメッセージ

静寂や無に身を委ねましょう
静寂や無は、
自分が体験する現実を
創造する源泉です。

KUSURIE
34

イントゥ

> ## 胃の働きをサポート

> ## ぐっすり熟睡

> ## 仕事の作業効率アップ

快腸・快便を促す

胃腸をよくするコード＊と「フラワー・オブ・ライフ」から
創ったクスリ絵で、主に潜在意識に働きかけます。このクス
リ絵をおなかにあてると胃腸の働きが改善し、ほっこりと温
まります。絵柄の上に、水を5分以上置いた後、その水を飲
むと便秘が改善されます。腸と脳は相関するので、枕元に置
いておくと眠りが深くなり、翌朝の目覚めもよくなります。

気持ちUPメッセージ

純粋な気づきは創造の源
私たちは努力しないでも
あらゆるものに気づいています。
それが純粋な気づきという
私たちの本質（意識）です。

＊リハビリマッサージを専門とする「神山まっさあじ療院（神奈川県・
横浜）」の神山三津夫氏によって宇宙から降ろされた数字

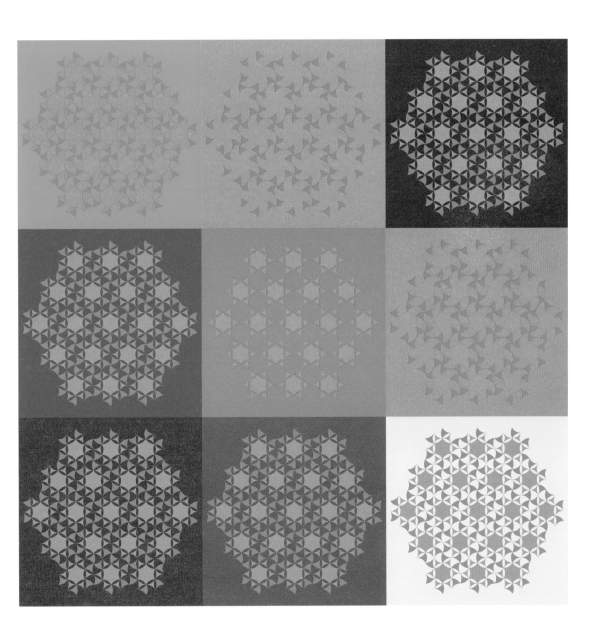

KUSURIE

35

スフィア

体の不調が改善

幸福度が高まる

知識やユーモアを育む

自然治癒で体が整う

「フラワー・オブ・ライフ」という人体の比率に影響を与える神聖幾何学から創られたクスリ絵です。通常「フラワー・オブ・ライフ」は6方向にエネルギーを放射しますが、さらにパワーアップさせるために8方向に発するようにしました。体の小さいズレを自然治癒するサポートをして骨盤周りを整えるので、座るときにお尻の下に敷くことをおすすめします。

気持ちUPメッセージ

大切に育てていきたいもの
三界（現象界、幽界、神界）において、
普遍的な価値をもつのは
愛と慈悲と真、
感謝できる心です。

KUSURIE
36

リレーションシップ

血液をサラサラにする

体の冷えをとる

縁結び

基礎代謝が上がる

このクスリ絵には光に照らされた血液が全身をゆったりと流れていくようなイメージがあります。クスリ絵を見て、触れるだけで脳が反応して血行が促進されます。そして、血圧が安定して、冷え性なども改善します。見るときには、両手の人差し指を立てながら見るとさらによいでしょう。指の先がピリピリ、またはじんじんとしてきたら効いている証拠です。

気持ちUPメッセージ

潜在意識とハイヤーセルフに繋がる方法
両手の人差し指を立てると
それがアンテナの役目をして、
潜在意識とハイヤーセルフに
繋がりやすくなります。

ゴールドハイヤー

健康体になる

ソウルメイトに出会う

猫背を矯正

頭痛や肩こりから解放される

超古代のカタカムナ文字には、心身に働きかけ、症状や病気を緩和するエネルギーがあります。このカタカムナ文字に回転の要素を加えた「高次元カタカムナ文字」は、より選別された高いエネルギーをもつため、その効果が増しています。このクスリ絵を背中や胸に貼ると、長年悩んでいた頭痛や肩こりが改善していき、同時に姿勢もピシッとよくなります。

気持ちUPメッセージ

意識を変えるだけで得られる効果
あなたの目の前の状況を
完全だと感じると、
状況の中の不完全なものが
いっせいに完全へと向かいます。

上

背中

上

胸・腹

KUSURIE

38

64卦DNA

胃下垂を改善

見た目が若返る

努力が実る

内臓が正しい位置になる

内臓にある細胞は1年に何度も生まれ変わりますが、内臓を正しく作り直しているのは「DNA」という細胞です。このクスリ絵はDNAに直接働きかけることができ、内臓の働きや再生を整えます。内臓機能が弱ると全身ダメージを受けやすくなりますが、このクスリ絵が寄り添ってくれます。胃の前や胃の真裏になる背中に貼ると、胃下垂の悩みを改善します。

気持ちUPメッセージ

心の黒板をチェックしてみましょう

心には黒板があって、
そこに書かれていることは現実化しやすいです。
ネガティブなことが書かれていたら、
クスリ絵を見て今すぐ消しましょう。

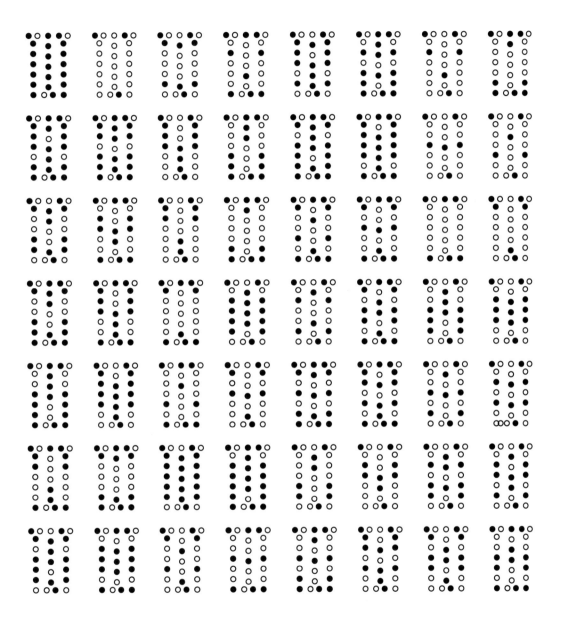

KUSURIE
39

フロム

全身のむくみをとる

関節の痛みを和らげる

開運招福

リンパの流れがよくなり、体が軽くなる

陰陽の形と顕在意識の４色、さらに体によい作用をもたらす
神聖幾何学「フラワー・オブ・ライフ」から創造したこのクスリ絵は、リンパの流れをよくして、体を軽くさせます。このクスリ絵をコピーして、床に２枚置き、その上に素足で立ってみましょう。足から氣が全身に流れ渡り、体のむくみをとります。気功やヨガの効果を高める働きもあります。

気持ちUPメッセージ

首は名医
頭と体の繋ぎ目部分の
首の異常や歪みを治すと、
脳が体の症状を治す指令を体に送ります。

10×10コドン

冷え性を改善

こだわりを手放す

記憶力を鍛える

体が疲れにくくなる

8×8の卦（け）は64のコドン*を暗号化したものといわれ、人の遺伝子は64個のコドンからなります。このクスリ絵は10×10の卦になっています。絵柄を外側に向けて背中の上部に貼ると、コドンが100個に増えたと体が認識して、遺伝子の働きや性質がよくなります。また、体の気になるところに貼ると、疲れにくくなるのでおすすめです。

気持ちUPメッセージ

5柱の神様の働きが体を癒やします
天御中主神（あめのみなかぬしのかみ）、天照大御神（あまてらすおおみかみ）、少彦名命（すくなびこなのみこと）、
住江大神（すみのえのおおかみ）、大国主命（おおくにぬしのかみ）。
これらの神様を大切にすると、
心身共に元気になります。

*DNA（またはRNA）においてアミノ酸をコードする連続した3つの
塩基配列のこと

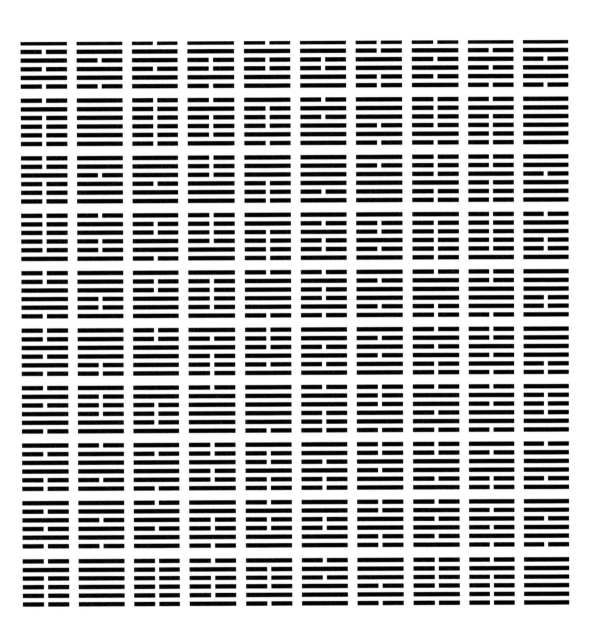

KUSURIE
41

睡眠ゲーム

疲れを除去

チャクラを活性化

本来の自分を受け入れる

心地よく翌朝まで安眠できる

チャネリングをして得られた、「ぐっすり眠れる数字のコード」を基に作成したクスリ絵です。見ていると安心してほっと安らいでいく作用があるので、コピーして枕の下に敷くことをおすすめします。9色の中で気に入った色があれば、それだけを切り取って枕元に置いたり、おでこに貼って寝ると、潜在意識にスピーディに届いて翌朝までぐっすり眠れます。

気持ちUPメッセージ

今までの悩みが気持ちよく改善します
体の痛みや不調に
「ありがとう」と言ってみます。
すると、ゆっくりと変化が表れますよ。

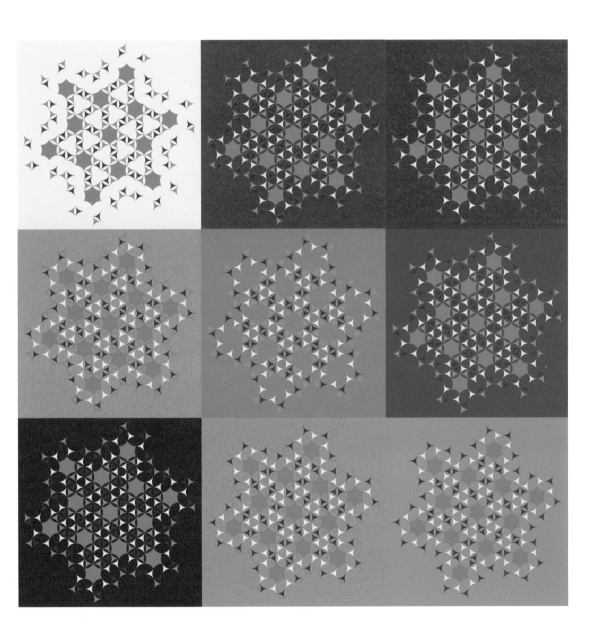

KUSURIE
42

エキサ

リフレッシュできる

コミュニケーション能力向上

家族と親密になる

物事を習慣化できる

ミントガムなどを食べたときのような爽快感、運動後のようなスッキリ感が得られるクスリ絵です。このクスリ絵を見ると、すぐに頭がクリアになり、運動をしたくなるので、毎日の運動を習慣にしたいと思っている人に最適です。絵柄の余白に、自分の写真を貼り付けると効果が上がります。また、絵柄を外側に向けて関節に貼ると、可動域が上がります。

気持ちUPメッセージ

三位一体になると、より高次の神様と繋がります
自分と潜在意識とハイヤーセルフが
輪（ループ）になり、
手を繋いでいるとイメージすると、
高次の神様と直接繋がることができます。

KUSURIE

43

シンプル4

- 怠惰な自分と決別
- 神経質から解放
- 目標やゴールの達成

身に付けたスキルが向上する

顕在意識を表す4色と心を強くする角度から創造したこのクスリ絵は、物事や思考の流れを一貫した状態にする働きがあります。精神力を高めることにもサポートするため、サボる癖をやめたい人や気が散りやすい人におすすめです。絵柄を外側にして、胸の中央とその裏にあたる背中に貼ると、天から光が降りてくるような錯覚がしてきて心地よくなります。

気持ちUPメッセージ

脳をアップグレードするちょっとしたコツ
リラックスすると
脳の前頭前野の働きがよくなり、
記憶力や理解力が上がります。

スモー禁

善悪の判断を強化

気持ちが落ち着く

肺機能を改善

禁煙をサポートする

まるでタバコの断面のような絵柄には、タバコを吸ったときのような気分にする働きがあり、実際に吸わなくてもいいという気持ちになるので禁煙したい人をサポートします。禁煙のメリット、喫煙のデメリットに気づき、体が受けるダメージを想像できるようになります。よくいる空間（部屋や職場、トイレなど）の壁に、このクスリ絵を貼ってみてください。

気持ちUPメッセージ

心の在り方が変わります
人間を現世のみの存在として
見るのではなく、
永遠の生命として見てみましょう。
体験する現実が変わります。

KUSURIE

45

ウォーミングッド

心が弾む

守護霊の役割

脳が冴える

人間関係を円滑にして、人脈が広がる

藍色と青色、あちこちで開花するような花柄のこのクスリ絵
は、人の心を和ませ、他人とのコミュニケーション能力を高
める効果があります。胸元にポケットがある服を着て、そこ
にこのクスリ絵を入れておくとよいでしょう。お守りのよう
な役割をしてくれて、優しく守ってくれます。余白部分に近
づきたい人の名前や職業、趣味などを書くと効果的です。

気持ちUPメッセージ

大地のパワーを感じましょう
土や芝生の上に裸足で5分ほど立つと、
気持ちがスッキリして
前向きになれます。

グッドライト

感情が磨かれる

新しい自分に出会える

執着を手放す

勘やセンスが磨かれる

潜在意識の９色が中心から回転して見えるこのクスリ絵は、過去の自分の古い感情、概念、思考と関係する記憶がほどけて消えていきます。過去にとらわれずに束縛から抜け出せるようサポートしてくれます。そして新しい記憶が再生されて、感情が磨かれ、ひらめきを得ることができるようになるため、あなたがもちあわせているセンスにも磨きがかかります。

気持ちUPメッセージ

最高のエネルギーを発するクスリ絵
潜在意識やハイヤーセルフと
いつも一緒にいるイメージをもつと
運気がよくなり、
あらゆる問題が自然と解決します。

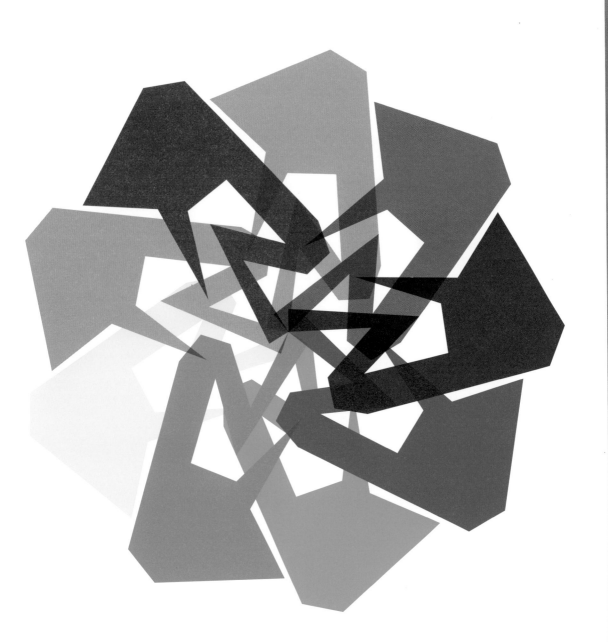

KUSURIE
47

クルス

衝動買いを回避

暴飲・暴食をリセット

メンタルを鍛える

自分が本当に欲しいものがわかる

中心にある十字は心の安定と安心をもたらし、そこから光が放たれた様子を表しています。古来、十字は聖なる形として用いられてきたことから、物事の必要・不必要の判別をしたいときに、このクスリ絵に触れて判断を行うとよいかもしれません。何かを必要としている場合は、触れた手に振動や温かみなどのサインが現れるので、活用してみてください。

気持ちUPメッセージ

我欲をなくして、禊を起こしましょう
「世界が美しくあってほしい」
「みんなが幸せになってほしい」
という思いをもつと、
自分の波動が上がります。

KUSURIE
48

サンライト

疲労回復

ケガの減少

セロトニン大量分泌

運動をすることが楽しくなる

動きたくなるような高ぶる気持ちにしてくれる躍動的なクスリ絵です。疲れて休みたいけど行動しなくてはいけないときなどに、このクスリ絵を眺めるだけで体が不思議と軽やかになっていきます。また、関節の可動域が上がるため、走ることが苦ではなくなっていく効果もあります。運動の必要性は感じているけど、進んで運動できない人におすすめです。

気持ちUPメッセージ

自分が人生の主役という気づき
自分が体験している世界は
自分が創造しているという自覚をもつと、
すべてが好転します。

KUSURIE
49

ジェラード

物事の順序を調整する

人間関係の円滑化

自己肯定感が上がる

快適な住まいで過ごすことができる

陰陽と顕在意識の4色、物事を変換するときに使う角度、そして整える効果をもつ「フラワー・オブ・ライフ」を組み合わせて創ったのがこのクスリ絵です。あるべき場所にあるべきものを配置したくなる整理整頓に特化したエネルギーをもっているので、部屋をきれいにしたい人や片づけられない人が使うと「掃除をしよう」と気持ちにさせてくれます。

気持ちUPメッセージ

クスリ絵のもつ神秘の力
クスリ絵を日々眺めていると、
物事や人生の在り方が
大きく変わっていきます。

KUSURIE
50

七福神

自分を変える

幸運が舞い込む

健全な精神を養う

過去の自分を受け入れて前に進める

「七福神*1」のパワーと幸運を呼び込む働きをして、過去の自分がどうであろうと気にせずに未来に向けて進むことを可能にしてくれます。このクスリ絵を見ながら七福神の名を唱えると、思い通りの自分に変わることができます。スマホの待ち受け画面にすると、七福神があなたの願いを叶えるためにやってくるため、想像以上の幸運に恵まれることでしょう。

気持ちUPメッセージ

現実を変える強い力をもつ言葉
上古代の言霊「カタカムナウタヒ*2」の
第5、6、7首を唱えると、
多くの人の症状や悩みが
癒えて改善していきます。

*1 七福神とは、恵比寿、大黒天、毘沙門天、弁財天、布袋尊、福禄寿、寿老人の
　　7つの神様の総称です。
*2 詳細は『最強のクスリ絵 高次元カタカムナとカタカムナ天使文字』(フォレスト
　　出版) で紹介しています。

丸山修寛（まるやま・のぶひろ）

医学博士。丸山アレルギークリニック理事長。山形大学医学部卒業。東北大学病院第一内科で博士号を取得。東洋医学と西洋医学に加え、電磁波除去療法、波動や高次元医療、色や形のもつ力を研究し、見る・触れるだけで不調をケアできる「クスリ絵」を開発。これら独特の治療法が、多くのメディアで取り上げられる。著書『魔法みたいな奇跡の言葉 カタカムナ』(静風社)、『クスリ絵 心と体の不調を治す神聖幾何学とカタカムナ』(ビオ・マガジン)、『医者が考案した 見るだけでやせるクスリ絵』『自律神経が整う! クスリ絵マンダラぬりえ』『クスリ絵 心を癒すぬりえ POSTCARD BOOK』(宝島社)ほか多数。
https://maruyamanobuhiro.com

STAFF

カバーデザイン	藤榮亜衣(JODAN.)
本文デザイン・DTP	中山詳子(松本中山事務所)
マンガ	セキサトコ
編集	小野瑛里子
編集協力	田岡祐子(株式会社ユニカ)

医者が考案した 見るだけ 触れるだけ
やせるクスリ絵

2024年6月5日　第1刷発行

著　者	丸山修寛
発行人	関川 誠
発行所	株式会社宝島社
	〒102-8388
	東京都千代田区一番町25番地
	電話：(編集) 03-3239-0928
	(営業) 03-3234-4621
	https://tkj.jp
印刷・製本	サンケイ総合印刷株式会社